Amtliche Nachrichten

über das

Deutsche Reichsschuldbuch.

Zweite Ausgabe.

Nach dem Reichsgesetze vom 31. Mai 1891
(R.G.Bl. S. 321)
und den
Ausführungsbestimmungen des Bundesrats vom 21. Januar 1892
(Reichs- und Staatsanzeiger vom 30. Januar 1892, Nr. 26;
Zentralblatt für das Deutsche Reich von 1892, S. 25;
Preuß. Just. Min. Bl. von 1892, S. 123).

Berlin 1903.
**J. Guttentag, Verlagsbuchhandlung,
G. m. b. H.**

Vorwort zur zweiten Ausgabe.

Die nachstehende zweite Ausgabe der amtlichen Nachrichten enthält zahlreiche durch die am 1. Januar 1900 in Kraft getretenen Gesetze veranlaßte Veränderungen der ersten Ausgabe.

Berlin, im Juni 1903.

Reichsschuldenverwaltung.

v. Hoffmann.

Inhalt.

Seite

Einleitung.

Erster Abschnitt.

Allgemeine Bestimmungen.

Rechtsverhältnis nach der Umwandlung.

Zweiter Abschnitt.

Wann und wie geschehen die einzelnen Eintragungen und Löschungen im Buch?

A. Eintragungen und Löschungen auf Antrag.

Anhang.

Einleitung.

Zweck und Bedeutung des Reichsschuldbuchs.

Die Einrichtung des Reichsschuldbuchs hat den Zweck, das Forderungsrecht zu sichern, welches die Gläubiger durch den Erwerb der auf den **Inhaber** lautenden Schuldverschreibungen der deutschen Reichsanleihen erlangt haben. Durch die Eintragung der Forderung in das Schuldbuch auf den **Namen** des Gläubigers wird sein Recht sowohl in betreff des Kapitals als in betreff der halbjährlich zahlbaren Zinsen unabhängig von dem Besitz der über die Forderung ausgestellten von ihm an die Reichsschuldenverwaltung eingelieferten Urkunden, welche sofort, nachdem die Eintragung in das Buch verfügt worden ist, kassiert werden. **Der Gläubiger kann sich auf diese Weise in vollem Umfange gegen die Gefahr schützen, durch den zufälligen Verlust oder eine wesentliche Beschädigung der Schuldverschreibung oder der Zinsscheine das Forderungsrecht selbst einzubüßen.** In betreff der Zinsscheine ist diese Gefahr besonders erheblich, da sie im Fall des Verlustes oder Diebstahls nicht gerichtlich für kraftlos erklärt werden können. Aber auch in betreff der Schuldverschreibungen gewährt selbst die sorgfältigste Aufbewahrung das wünschenswerte Maß von Sicherheit nicht, denn das Papier kann von einem Dritten, als ihm abhanden gekommen, aufgeboten und für kraftlos erklärt werden, wogegen durch beständige Achtsamkeit auf die zum Zwecke des Aufgebots ergehenden Bekanntmachungen Vorkehr getroffen werden müßte. Die früher zulässige Außerkurssetzung von Schuldverschreibungen auf den Inhaber findet seit dem 1. Januar 1900 nicht mehr statt.

Auf den Inhaber lautende Zinsscheine werden für die Buchforderungen nicht ausgegeben. Das zur Einlösung der Zinsscheine halbjährlich notwendige Abschneiden derselben und das Erneuern der Zinsscheinbogen gegen Rückreichung der Erneuerungsscheine wird erspart.

An der hergebrachten Art der Begebung der Reichsanleihen ist durch die Einrichtung des Buchs nichts geändert.

Nur der Besitz umlaufsfähiger Effekten der obengenannten Anleihen, nicht die Einlieferung anderer Wertpapiere oder die Einzahlung baren Geldes, berechtigt zur Eintragung. Auch die bei neuen Anleihen zur Ausgabe kommenden Interimsscheine eignen sich nicht zur Eintragung in das Schuldbuch. Der Einlieferer der Schuldverschreibungen kann beantragen, daß entweder sein Name oder daß der Name eines Dritten als Gläubiger im Buch eingetragen werde. Die Eintragung erfolgt auf besonderen, für die Gläubiger angelegten Konten. Der Gläubiger kann später Zu- und Abschreibungen auf seinem Konto vornehmen lassen. Er behält das freie Verfügungsrecht über seine Forderung; Vermerke im Schuldbuch zu gunsten eines Dritten, welche die Rechte des Gläubigers beschränken, sind zulässig (Nießbrauch, Pfandrecht u. a.). Die Abtretung der Buchforderung an eine andere Person kann durch Übertragung auf ein für die letztere neu anzulegendes oder bereits angelegtes Konto erfolgen. Der Berechtigte kann jederzeit und ohne daß es einer besonderen Kündigung bedarf, verlangen, daß ihm gegen Löschung der Forderung im Buch neue Inhaberpapiere von derselben Gattung wie die früher eingelieferten ausgereicht werden.

Erster Abschnitt.

Allgemeine Bestimmungen.

§ 1.

Zuständige Behörde. Pflicht der Beamten zum Stillschweigen über den Inhalt des Buchs.

Die Bearbeitung der Angelegenheiten des Reichsschuldbuchs erfolgt durch die Reichsschuldenverwaltung, die Führung des Buchs in einem besonderen Bureau derselben, dem Reichsschuldbuchbureau.

Alle schriftlichen Anträge, Anfragen und Gesuche in Angelegenheiten des Buchs sind zu adressieren:

An
die Reichsschuldenverwaltung
(Schuldbuch-Angelegenheit)
Berlin S.W. 68.
frei. Oranienstraße 92/94.

Beziehen sie sich auf ein schon angelegtes Konto, so ist in dem Gesuch usw. die Nummer dieses Kontos und die Abteilung des Buchs anzugeben.

Die Beamten des Bureaus sind auch zur persönlichen Annahme von Anträgen und zur mündlichen Erledigung von Anfragen werktäglich von 9 bis 1 Uhr, **mit Ausnahme der letzten beiden Geschäftstage jedes Monats**, bereit.

Den Beamten des Bureaus ist das unverbrüchlichste Stillschweigen über die zu ihrer Kenntnis gelangenden Vermögensangelegenheiten der Buchgläubiger ausdrücklich zur Pflicht gemacht.

§ 2.

Einrichtung des Reichsschuldbuchs.

Es wird ein Buch für die Gläubiger der 3½ vormals 4prozentigen, ein Buch für die Gläubiger der 3½prozentigen und ein Buch für die Gläubiger der 3prozentigen Reichsanleihe geführt.

Jedes dieser Bücher zerfällt in 7 Abteilungen:

I für physische Personen,
II für Handelsfirmen,
III für eingetragene Genossenschaften,
IV für eingeschriebene Hülfskassen,
V für juristische Personen,
zu III bis V, sofern sie im Gebiete des Deutschen Reichs ihren Sitz haben,
VI für Vermögensmassen ohne juristische Persönlichkeit, wie Stiftungen, Anstalten, Familienfideikommisse, bestimmten Zwecken gewidmete Einzelfonds, deren Verwaltung von einer öffentlichen Behörde oder unter deren Aufsicht geführt wird,
VII für Vermögensmassen, deren Verwalter ihre Verfügungsbefugnis über die Masse durch eine gerichtliche oder notarielle Urkunde nachweisen,
zu VI und VII ist es gleich, ob die Verwaltung im Gebiete des Deutschen Reichs oder ob sie im Auslande geführt wird.

Für jede Abteilung werden in fortlaufender Nummernfolge soviel einzelne Konten angelegt, als Gläubiger einzutragen sind. In jedem der Bücher darf der Gläubiger nur **ein** Konto erhalten. Jedes Konto darf nur für **eine** Person, Firma, Kasse oder Vermögensmasse angelegt sein. Das Muster für die Konten siehe Seite 40. Danach hat jedes Konto außer der Überschrift 4 Spalten:

Spalte 1 für den Betrag der Forderung,
" 2 für Abschreibungen,

Spalte 3 für Beschränkungen des Gläubigers,
» 4 für Angabe des zum Zinsenempfang Berechtigten, des Zahlungswegs, des Fälligkeitstermins und des halbjährlichen Zinsenbetrages.

Von jedem Konto des Reichsschuldbuchs wird eine vollständige Abschrift gebildet, in fortgesetzter Übereinstimmung mit der Urschrift gehalten und getrennt in einem besonderen Gebäude aufbewahrt. Die Abschrift wird spätestens eine Woche nach Herstellung der Urschrift niedergelegt.

§ 3.

Wem ist die Benutzung des Buchs zu empfehlen?

Jeder Inhaber deutscher Reichsschuldverschreibungen kann von der Einrichtung des Reichsschuldbuchs Gebrauch machen. Zu empfehlen dürfte die Benutzung des Buchs jedem Besitzer von Reichsschuldverschreibungen sein, welcher dieselben als dauernde Kapitalanlage betrachtet, von der Sorge um die Sicherheit der Aufbewahrung der Schuldverschreibungen und Zinsscheine befreit sein will und Wert auf eine möglichst einfache und zeitige Übermittelung seiner Zinsen legt, für die Fälle aber, in denen er an Stelle der Buchforderung wieder Inhaberpapiere wünscht, die Mühe seiner Legitimation (§ 14) nicht scheut. Zahlreiche Privatpersonen des In- und Auslandes, Handelsfirmen, Kirchengemeinden, Schulgemeinden u. a., sowie die Verwalter von Stiftungen, Fideikommissen, Mündelgeldern, Sparkassen und anderen zur Eintragung geeigneten Vermögensmassen haben bereits vielfach die angedeuteten Vorteile anerkannt.

Am 1. Juni 1903 waren in dem Buch auf 5270 Konten Forderungen in Höhe von zusammen 354 422 500 *M.* eingetragen. Von den Konten waren 2927 für physische, 1588 für juristische Personen, 499 für Vermögensmassen ohne juristische Persönlichkeit und 256 für andere Gläubiger angelegt.

Zur Sicherung der **Mündelgelder** haben seit dem Bestehen des Reichsschuldbuchs die Vormünder, und in Preußen auch die Gerichte vielfach von seiner Einrichtung Gebrauch gemacht. Das Bürgerliche Gesetzbuch weist ausdrücklich auf die Benutzung des Reichsschuldbuchs zu diesem Zwecke hin, indem es in den §§ 1815 und 1816 bestimmt, daß der Vormund die dem Mündel gehörigen Schuldverschreibungen in Buchforderungen umwandeln lassen und die dem Mündel gehörigen Buchforderungen bestehen lassen kann, wenn er in das Schuldbuch den Vermerk eintragen läßt, daß er über die Forderungen nur mit Genehmigung des Vormundschaftsgerichts verfügen darf.

Auf Grund Allerhöchster Genehmigung ist es auch gestattet, den für Offiziere vom Hauptmann zweiter Klasse usw. abwärts bei Nachsuchung der Heiratserlaubnis erforderlichen Vermögensnachweis durch eine in das Reichsschuldbuch eingetragene Buchschuld zu führen; vgl. für Preußen die Allerh. Verordnung v. 25. Mai 1902 über das Heiraten der Militärpersonen des Preußischen Heeres und der Preußischen Landgendarmerie; für die Kaiserliche Marine die Bekanntmachung des Chefs der Admiralität vom 8. September 1886 (Marine-Verordnungsblatt S. 189).

Kautionen können durch Verpfändung von Reichsschuldbuchforderungen bestellt werden.

Auskunft über den Inhalt des Buchs erhält nur der eingetragene Gläubiger, sein gesetzlicher Vertreter, sein Bevollmächtigter und sein Rechtsnachfolger von Todes wegen, sowie bezüglich eingetragener Genossenschaften, eingeschriebener Hülfskassen, juristischer Personen und Vermögensmassen die zur Revision der Kassen derselben berechtigte öffentliche Behörde oder Person und letztere auch nur, falls ihre Berechtigung zur Kassenrevision durch eine deutsche öffentliche Behörde bescheinigt ist.

§ 4.

Allgemeine Voraussetzung für die Umwandlung von Schuldverschreibungen in Buchschulden des Reichs.

Die Umwandlung der Reichsschuldverschreibungen in Buchschulden auf bestimmte Namen erfolgt gegen Einlieferung der Verschreibungen auf den Antrag des Inhabers durch Eintragung in das Buch.

Die Verschreibungen müssen zum Umlauf brauchbar, dürfen also nicht gerichtlich für kraftlos erklärt oder von einem Gericht oder einer mit Vollstreckungsbefugnis ausgestatteten Behörde mit Beschlag belegt sein. Die Umwandlung befleckter oder beschädigter Stücke ist zulässig, wenn nach dem Ermessen der Reichsschuldenverwaltung der Antragsteller sich als der rechtmäßige Besitzer der umzuwandelnden Schuldverschreibungen ausgewiesen hat.

Den Schuldverschreibungen müssen die dazu gehörigen noch nicht fälligen Zinsscheine nebst Erneuerungsscheinen beigefügt sein. Nur den Schuldverschreibungen, welche in einem dem Fälligkeitstermine der Zinsen unmittelbar vorangehenden Monat eingereicht werden, sind die nächstfälligen Zinsscheine nicht beizufügen.

Rechtsverhältnis nach der Umwandlung.

§ 5.

1. In betreff der Forderung an Kapital und Zinsen.

Mit der Eintragung in das Reichsschuldbuch erlöschen die Rechte des Inhabers an den eingelieferten Verschreibungen; die Rechte des Gläubigers in betreff des Kapitals und der Zinsen übt derjenige aus, der im Buch als Gläubiger oder Berechtigter verzeichnet ist.

Verfügungen des Gläubigers über die eingetragene Forderung, wie Abtretungen oder Verpfändungen, erlangen dem Reiche gegenüber nur durch die Eintragung Wirksamkeit.

Im übrigen finden die für die Reichsanleihen geltenden Vorschriften auf die eingetragenen Forderungen entsprechende Anwendung.

§ 6.

2. In betreff der Zinsen insbesondere. Zahlungswege.

Die Zinsen der eingetragenen Buchforderungen werden in demselben Betrage und in denselben Fälligkeitsterminen wie die der eingelieferten Schuldverschreibungen, also entweder mit dreieinhalb oder drei vom Hundert und halbjährlich entweder in dem Januar- und Juli- oder in dem April- und Oktober-Termin mit rechtlicher Wirkung an denjenigen gezahlt, welcher am zehnten Tage des dem Fälligkeitstermine vorangehenden Monats im Schuldbuch als zum Empfang berechtigt eingetragen ist.

Änderungen in der Person oder der Wohnung des Zinsenempfängers und Anträge auf eine Änderung in der Zahlung der Zinsen können für den nächsten Fälligkeitstermin nur dann auf Berücksichtigung rechnen, wenn die Meldung oder der Antrag betreffs der Änderung bis zum ersten Tage des diesem Termin vorausgehenden Monats bei der Reichsschuldenverwaltung eingegangen ist.

Die Reichsschuldenverwaltung bestimmt, auf welchem Wege die Zahlung erfolgen soll und berücksichtigt dabei die Wünsche der Gläubiger, soweit die darüber ergangenen Vorschriften es zulassen.

Zulässige Zahlungswege sind:

1. die direkte Postsendung innerhalb des Deutschen Reichs seitens der Königlich Preußischen Staatsschulden-Tilgungskasse in Berlin W. 8. Taubenstraße 29, und zwar:

   für die nächstfälligen Januar — Juli-Zinsen zwischen dem 17. Juni und 8. Juli und zwischen dem 18. Dezember und 8. Januar;

für die nächstfälligen April—Oktober-Zinsen zwischen dem 18. März und 8. April und zwischen dem 17. September und 8. Oktober.

Die Sendung erfolgt an den Berechtigten auf dessen Gefahr und Kosten durch Postanweisung oder, wenn der jedesmalige Betrag 800 *M.* übersteigt und der Berechtigte die Postanweisung nicht ausdrücklich vorzieht, in ordnungsmäßig verschlossenem Briefe mit Wertangabe gegen Empfangsbestätigung.

Bei Benutzung von Postanweisungen kann verlangt werden, daß der Abgang der Sendung dem Empfangsberechtigten mittelst besonderen Schreibens angezeigt werde. Auf besonderen Wunsch wird auch den Adressen der Empfänger der Zusatz »Eigenhändig« hinzugefügt.

Kommt eine Postsendung als unbestellbar zurück, so unterbleiben weitere Sendungen, bis der Gläubiger die richtige Adresse angezeigt hat.

2. die Abhebung bei einer der nachstehend angegebenen Zahlstellen:

a) bei der obengenannten Staatsschulden-Tilgungskasse und bei der Reichsbankhauptkasse in Berlin vom 17. Juni und 18. Dezember beziehungsweise vom 18. März und 17. September ab,

b) bei sämtlichen Reichsbankhauptstellen und Reichsbankstellen, sowie bei denjenigen Landeshauptkassen,

(in Preußen: bei den Regierungshauptkassen in Arnsberg, Aurich, Merseburg, Sigmaringen und Stade,

in Mecklenburg-Schwerin: bei der Großherzoglichen Renterei in Schwerin,

in Oldenburg für den Bezirk der Stadt und des Amts Oldenburg: bei der Großherzoglichen Hauptkassenverwaltung in Oldenburg, in Schwarzburg-Sondershausen: bei der Fürstlichen Staatshauptkasse in Sondershausen,

in Schwarzburg-Rudolstadt: bei der Fürstlichen Hauptlandeskasse in Rudolstadt,

in Waldeck: bei der Waldeckischen Staatskasse in Arolsen,

in Schaumburg-Lippe: bei der Fürstlichen Landeskasse in Bückeburg)

an deren Sitz sich eine Reichsbankanstalt mit Kasseneinrichtung nicht befindet, vom 24. Juni und Dezember beziehungsweise März und September ab,

c) bei sämtlichen Reichsbanknebenstellen mit Kasseneinrichtung und bei folgenden Landeskassen, wenn an deren Sitz sich eine Reichsbankanstalt mit Kasseneinrichtung nicht befindet:

in Preußen: bei den Kreiskassen außerhalb Berlins und den Steuerämtern in Gransee, Hechingen, Schönebeck, Spandau, Wernigerode, Wittstock, Wriezen und dem Hauptzollamte in Wolgast,

in Bayern: bei den Königlichen Rentämtern,

in Sachsen: bei den Königlichen Bezirkssteuereinnahmen,

in Württemberg: bei den Königlichen Kameralämtern,

in Baden: bei den Großherzoglichen Bezirkssteuerkassen,

in Hessen: bei den mit der Annahme direkter Staatssteuern betrauten Großherzoglichen Distriktseinnehmereien und Steuerämtern,

in Sachsen-Weimar: bei den Großherzoglichen Rechnungsämtern, in Oldenburg:

für das Herzogtum Oldenburg bei den betreffenden Amtsrezepturen außerhalb der Stadt und des Amts Oldenburg,

für das Fürstentum Lübeck bei der Landeskasse in Eutin und bei der Amtskasse in Schwartau,

für das Fürstentum Birkenfeld bei der Landeskasse in Birkenfeld und bei der Amtskasse in Oberstein,

in Braunschweig: bei den Herzoglichen Kreiskassen in Wolfenbüttel, Gandersheim und Blankenburg a. H., sowie bei der Herzoglichen Amtskasse in Thedinghausen,

in Sachsen-Meiningen: bei den Herzoglichen Amtseinnahmen in Salzungen, Hildburghausen und Saalfeld,

in Sachsen-Altenburg: bei den Herzoglichen Steuer- und Rentämtern in Schmölln, Ronneburg, Eisenberg, Roda und Kahla,

in Anhalt: bei den Herzoglichen Kreiskassen in Zerbst und Ballenstedt,

in Schwarzburg-Sondershausen: bei der Fürstlichen Bezirkskasse in Arnstadt,

in Schwarzburg-Rudolstadt: bei den Fürstlichen Rent- und Steuerämtern in Königsee und Frankenhausen und bei den Fürstlichen Steuerämtern in Stadtilm und Leutenberg,

in Lippe: bei den Fürstlichen Steuerkassen in Lemgo, Schötmar, Blomberg und Stift Cappel,

in Bremen: bei den Bremischen Steuerämtern in Vegesack und Bremerhaven,

in Elsaß-Lothringen: bei den Steuerkassen, und zwar in den Orten, in welchen sich mehrere Steuerkassen befinden, bei der Steuerkasse I,

vom 26. Juni und Dezember beziehungsweise März und September ab.

3. wenn dem zum Empfang der Zinsen Berechtigten ein Girokonto bei der Reichsbank eröffnet ist, die Gutschrift auf diesem Konto durch Vermittelung der Preußischen Staatsschulden-Tilgungskasse.

Die Barzahlung bei den Zahlstellen (oben zu 2) geschieht nach Prüfung der Legitimation und Identität des Empfängers gegen dessen Quittung. Die Zahlstellen sind verflichtet, bei dieser Prüfung nach Maßgabe der allgemeinen Vorschriften gewissenhaft zu verfahren. Zu den Quittungen sind Formulare zu benutzen, von denen dem Berechtigten das erste mit der von der Reichsschuldenverwaltung ausgehenden Benachrichtigung über die Eintragung in das Reichsschuldbuch zugesandt wird, die demnächst zu verwendenden später an der Zahlstelle verabreicht werden.

Wird die Barzahlung bei der Reichsbankhauptkasse oder bei einer der oben zu 2b und c genannten Zahlstellen bis zum Ablauf des mit dem Fälligkeitstermine beginnenden Kalender-Quartals nicht erhoben, so wird der Empfangsberechtigte mit dem Betrage bei der Preußischen Staatsschulden-Tilgungskasse in Berlin auf eine Restliste gesetzt und die Zahlung kann alsdann erst erfolgen, sobald ein Antrag von dem Berechtigten an diese Kasse direkt gerichtet wird.

Der **Anspruch auf Zinsen erlischt**, wenn sie nicht binnen vier Jahren abgehoben werden. Diese Frist beginnt mit dem Schlusse des Jahres, in welchem die Fälligkeit der Zinsen eintritt.

Zweiter Abschnitt.

Wann und wie geschehen die einzelnen Eintragungen und Löschungen im Buch?

A. Eintragungen und Löschungen auf Antrag.

§ 7.

Allgemeine Vorschriften.

Die Eintragungen geschehen in derselben Reihenfolge, in welcher die auf dasselbe Konto bezüglichen Gesuche bei der Reichsschuldenverwaltung eingegangen sind.

Die Anträge auf Eintragungen und Löschungen werden in der Regel in wenigen Tagen erledigt, und zwar diejenigen auf Löschungen, soweit es sich nicht um Summen von ungewöhnlicher Höhe handelt, längstens innerhalb einer Woche.

Zu beachten ist die Bestimmung in § 21 des Gesetzes vom 31. Mai 1891, betreffend das Reichsschuldbuch (R. G. Bl. S. 321), wonach Anträge auf Eintragung oder Löschung von Forderungen und Vermerken, welche in dem, dem Fälligkeitstermine der Zinsen voraufgehenden Monate eingereicht werden, erst nach Ablauf desselben zu erledigen sind. Tatsächlich hat indessen die Reichsschuldenverwaltung von der ihr hierdurch eingeräumten Befugnis, dergleichen Anträge erst im nächsten Monate zu erledigen, noch niemals Gebrauch zu machen nötig gehabt.

Zur Herbeiführung einer Löschung ist keine vorherige Kündigung erforderlich.

Zur Vermeidung von Rückfragen und damit von Verzögerungen der Eintragung ist es besonders wesentlich, daß, wo Formulare zu den Anträgen vorgeschrieben sind, diese vollständig und genau ausgefüllt, daß die Namen der einzutragenden Gläubiger und der zum Zinsenempfang berechtigten Personen, sowie die Bezeichnung der Wohnorte und Wohnungen recht deutlich geschrieben, Vor- und Zunamen vollständig, bei Frauen auch der Geburtsname angegeben, daß endlich, wenn ein Vertreter, Bevollmächtigter oder Rechtsnachfolger des bereits eingetragenen Gläubigers Anträge stellt, die Urkunden sofort beigebracht werden, welche zu seiner Legitimation erforderlich sind.

Ebenso empfiehlt es sich, den Anträgen auf solche Einschriften, für welche Gebühren zu erheben sind (§ 20), den Betrag derselben (siehe den Tarif Seite 47) sogleich beizufügen. — Bedingung für die Erledigung der Anträge ist die Vorauszahlung der Gebühren in der Regel nicht.

Eine Prüfung der Gültigkeit der den Anträgen zu grunde liegenden Rechtsgeschäfte geht den Eintragungen oder Löschungen nicht voraus, wohl aber eine Prüfung der vom Gesetz für die Anträge vorgeschriebenen Form und der Legitimation des Antragstellers.

§ 8.

Form der Anträge auf Anlegung eines Kontos oder auf Zuschreibung bei gleichzeitiger Einlieferung von Schuldverschreibungen.

Zu Anträgen auf Anlegung eines Kontos oder Zuschreibung eines Kapitals auf einem zu dem gleichen Zinssatz im Reichsschuldbuch schon angelegten Konto bei gleichzeitiger Einlieferung von Schuldverschreibungen genügt schriftliche Form, d. h. die Unterschrift des Einlieferers ohne Zeugnisse über die Legitimation desselben und ohne Beglaubigung der Unterschrift. Wenn die Eintragung auf den Namen einer juristischen Person, einer Handelsfirma, einer eingetragenen Genossenschaft oder eingeschriebenen Hülfskasse erfolgen soll, ist die rechtliche Existenz des Gläubigers, falls sie nicht notorisch ist, durch eine vorschriftsmäßige öffentliche Urkunde nachzuweisen. Dies gilt insbesondere auch von Sparkassen, Witwenkassen, Krankenkassen u. a. In den meisten Fällen wird die Beifügung eines Abdrucks der Satzungen genügen. In bezug auf den einzutragenden oder zuzuschreibenden Kapitalbetrag und die Zinsen kann in der bezeichneten Form gleichzeitig beantragt werden, in Spalte 3 des Kontos eine Beschränkung des Gläubigers betreffs des Kapitals oder der Zinsen, und in Spalte 4 eine dritte Person als zum Zinsenempfang berechtigt zu vermerken. Die Personen des Gläubigers, seines gesetzlichen Vertreters und des Zinsenempfangsberechtigten sind so deutlich anzugeben, daß spätere Verwechselungen mit anderen Personen von vornherein ausgeschlossen werden.

Wird beantragt, eine unter Vormundschaft stehende Person als Gläubiger einzutragen, so ist bei volljährigen Personen der Grund der Entmündigung (z. B. entmündigt wegen Geisteskrankheit), bei minderjährigen Personen ihr Geburtstag und Geburtsort, andernfalls aber der Name, Stand oder Beruf und letzte Aufenthaltsort des Vaters, in allen Fällen der gesetzliche Vertreter (Vater, Mutter, sofern sie die elterliche Gewalt ausübt, Vormund usw.) anzugeben. Als zum Empfang der Zinsen berechtigt können Minderjährige nur dann eingetragen werden, wenn ihr gesetzlicher Vertreter hierzu seine Genehmigung erteilt.

Zu den Eintragungsanträgen und Verzeichnissen sind Formulare zu verwenden (Seite 41 bis 44 und 46), welche von dem Reichsschuldbuchbureau in Berlin und außerhalb Berlins von jeder Kassenstelle, welche mit Zahlung von Reichsschuldbuchzinsen betraut ist (siehe § 6), unentgeltlich zu beziehen sind.

Wer Reichsschuldverschreibungen zu verschiedenen Zinssätzen gleichzeitig einreicht, hat für jede Gattung ein besonderes Antragsformular und Verzeichnis zu verwenden. Dies gilt insbesondere auch für gleichzeitige Einreichungen von Schuldverschreibungen der vormals 4 prozentigen, jetzt 3 1/2 prozentigen und der 3 1/2 prozentigen Anleihe.

Über Zahl und Nennbetrag der eingelieferten Wertpapiere erhält der Einlieferer sofort nach dem Eingange einen von dem Rendanten und dem Oberbuchhalter des Reichsschuldbuchbureaus oder von deren Vertretern unterschriebenen Empfangschein. Hieraus folgt, daß dann, wenn ein Bankgeschäft im Auftrage einer Person Reichsschuldverschreibungen mit dem Antrage auf Anlegung eines Kontos für diese oder auf Zuschreibung auf deren Konto einliefert, der Empfangschein dem **Bankgeschäfte** als dem **tatsächlichen Einlieferer,** und **nicht seinem Auftraggeber** erteilt werden muß.

Was außerdem noch bei Ausfüllung der Formulare im einzelnen zu beachten, ist auf einem jeden derselben abgedruckt.

§ 9.

Anträge auf Eintragung von Beschränkungen des Gläubigers zu gunsten eines Dritten. Verpfändung. Nießbrauch.

Wird beantragt, in Spalte 3 des Kontos eine Beschränkung des Gläubigers in der Verfügung über das eingetragene Kapital oder über die Zinsen zu vermerken, so muß die Art und der Umfang der Beschränkung, sowie die Person, zu deren gunsten die Beschränkung beabsichtigt ist, aus dem Antrage genau ersichtlich sein. Unzulässig ist ein Vermerk, welcher das Gläubigerrecht nicht nur beschränken, sondern völlig aufheben würde. Letztwillige Verfügungen können in rechtswirksamer Weise durch Eintragungsanträge nicht zu stande kommen.

Außerdem bleibt für einzelne besondere Fälle noch folgendes zu beachten:

1. Oft soll die Reichsschuldenverwaltung verpflichtet werden, nicht ohne Zustimmung eines Dritten

Änderungen im Konto betreffs des Kapitals oder der Zinsen vorzunehmen. In diesem Fall empfiehlt sich für den Antrag folgende Fassung:

Ich beantrage, in Spalte 3 des Kontos zu vermerken:

Die Verfügung über die eingetragene Forderung (über eine Änderung der Zinsenzahlung) bedarf der Genehmigung des .... (Stand, Vor- und Zuname, Wohnort und Wohnung).

2. Der **Vormund** des Gläubigers soll gemäß §§ 1815, 1816 des Bürgerlichen Gesetzbuchs beschränkt werden, wenn er die dem Mündel gehörigen Schuldverschreibungen in Buchforderungen umwandeln läßt, oder wenn Buchforderungen zum Vermögen des Mündels gehören.

Für solche Fälle ist folgende Fassung des Antrages die einfachste:

Ich beantrage, in Spalte 3 des Kontos zu vermerken:

Die Verfügung über die eingetragene Forderung bedarf bis zur Volljährigkeit des Gläubigers der Genehmigung des Vormundschaftsgerichts, jetzt des Amtsgerichts in ....

3. Es soll vermerkt werden, daß Dritten, z. B. Eheleuten, ein Nießbrauchsrecht an der eingetragenen Forderung eingeräumt sei. Dann genügt im allgemeinen, einen Vermerk dahin zu beantragen:

Den lebenslänglichen Nießbrauch von .....*M.* hat der .... (Stand, Vor- und Zuname, Wohnort und Wohnung) und seine Ehefrau .... (Vorname) geb. .... (Geburtsname), und nach dem Tode des Einen, der Überlebende ungeteilt.

4. Ist aber einem Dritten der Nießbrauch an der Forderung erst vom Todestage des Gläubigers ab — unabhängig von dem Erbrechte anderer Personen — eingeräumt, so würde zu sagen sein:

Ich beantrage, in Spalte 3 des Kontos zu vermerken:

Den lebenslänglichen Nießbrauch von . . . *M.* hat vom Todestage des Gläubigers ab der . . . . (Stand, Vor- und Zuname, Wohnort, Wohnung)

und in Spalte 4 einen entsprechenden Vermerk mitaufzunehmen.

5. Bei Bestellung einer Amtskaution mit der Forderung wäre der Antrag dahin zu fassen:

Es wird beantragt, in Spalte 3 des Kontos folgenden Vermerk einzutragen:

Die Forderung von . . . . *M.* ist dem . . . . als Amtskaution verpfändet und haftet für alle von dem Gläubiger aus seiner Amtsführung zu vertretenden Schäden und Mängel an Kapital und Zinsen, sowie an gerichtlichen und außergerichtlichen Kosten der Ermittelung des Schadens.

§ 10.

Anträge auf Zahlung der Zinsen an einen Dritten.

In Spalte 4 können als zum Zinsenempfange berechtigt auch andere Personen (Firmen oder Kassen), wie der eingetragene Gläubiger, für einen bestimmten Betrag aber kann in der Regel nur **eine** Person vermerkt werden. Eine Ausnahme von der letzteren Bestimmung ist z. B. zulässig, wenn die Zinsen bei einer zu ihrer Zahlung ermächtigten Stelle (s. § 6) abgehoben werden sollen. Es dürfen in diesen Fällen zwei Personen als wahlweise **(A oder B)** oder auch als gemeinschaftlich **(A und B)** zu deren Empfange berechtigt vermerkt werden. Bei Sendung der Zinsen durch die Post ist die wahlweise Bezeichnung mehrerer Personen als Empfänger nicht statthaft.

Dem lediglich in Spalte 4 als zum Empfang der Zinsen berechtigt eingetragenen Dritten steht im allgemeinen nur ein widerrufliches Recht zum Zinsenempfange zu. Der betreffende Vermerk kann daher ohne Zustimmung des Zinsenempfängers auf Antrag des eingetragenen Kontogläubigers oder seines Rechtsnachfolgers jederzeit wieder gelöscht werden. Soll die Löschung von der Zustimmung des Zinsenempfängers abhängig sein, so bedarf es außerdem der Eintragung eines entsprechenden Beschränkungsvermerks zu seinen gunsten in der für Beschränkungen des Gläubigers bestimmten Spalte 3 des Schuldbuchs (§ 9).

§ 11.

Verfügung der Eintragung.

Entsprechen die Anträge vorstehenden Andeutungen der §§ 8 bis 10, so geschieht die Anlegung des Kontos auf den Namen der von dem Einlieferer der Schuldverschreibungen in dem Antrage als Gläubiger bezeichneten Person, und wenn die letztere schon ein Konto in dem Buch für die betreffende Anleihe besitzt, die Zuschreibung auf diesem Konto in Spalte 1, 3 und 4.

§ 12.

Form der Anzeigen von Änderungen in der Person oder der Wohnung des Gläubigers oder des Zinsenempfängers. Form des Widerrufs einer Vollmacht. Form des Antrags auf Änderung des Zahlungsweges für die Zinsen.

Die einfache schriftliche Form genügt ferner für folgende Anzeigen und Anträge:

1. für die Anzeige von Änderungen in der Person oder der Wohnung des Gläubigers

oder des Zinsenempfängers (Verheiratung einer Frau, Änderung des Standes oder Gewerbes, Wohnorts oder Wohnung), bei welchen also die Person des Berechtigten an sich dieselbe bleibt. Die Richtigkeit ist auf Verlangen durch eine öffentliche Urkunde darzutun;

2. für den Widerruf einer Vollmacht und insbesondere für Anträge des Gläubigers auf Zahlung der Zinsen an ihn selbst, statt an die bisher auf dem Konto in Spalte 4 als empfangsberechtigt bezeichnete Person, vorausgesetzt, daß aus Spalte 3 keine Beschränkung des Antragstellers in dieser Richtung erhellt;

3. für Anträge auf Änderung des Zinsenzahlungsweges (Post oder Zahlstelle) ohne Änderung des Empfangsberechtigten.

§ 13.

Form anderer Anträge als der in den §§ 8 und 12 erwähnten. Form einer Vollmacht zur Verfügung über die Forderung.

Andere als die im Eingang des § 8 und im § 12 erwähnten Anträge, insbesondere also Anträge:

1. auf nachträgliche Eintragung einer Beschränkung oder auf Löschung einer Beschränkung in der Spalte 3 eines Kontos,

2. auf nachträglichen Vermerk eines anderen Zinsenempfangsberechtigten in Spalte 4 an Stelle des eingetragenen,

3. auf teilweise oder gänzliche Übertragung der eingetragenen Forderung auf ein anderes Konto,

4. auf erneute Ausfertigung und Ausreichung von Reichsschuldverschreibungen gegen Löschung der eingetragenen Forderung oder eines Teils derselben,

sowie ferner **Vollmachten** für einen Dritten zur Verfügung über die Forderung müssen, wenn sie nicht von öffentlichen Behörden ausgehen, gerichtlich oder notariell oder von einem Konsul des Deutschen Reichs aufgenommen oder beglaubigt sein. Anträge öffentlicher Behörden bedürfen, wenn sie ordnungsmäßig unterschrieben und untersiegelt sind, keiner Beglaubigung. Im übrigen unterliegen die von öffentlichen Behörden ausgestellten oder aufgenommenen Urkunden — beispielsweise die Bescheinigungen über die Befugnis zur Verfügung über eine in Abteilung VII des Buchs eingetragene Masse (s. § 2) — den Vorschriften des Reichsgesetzes, betreffend die Beglaubigung öffentlicher Urkunden, vom 1. Mai 1878 (R. G. Bl. S. 89).

Sind seit der Eintragung Änderungen in der Person des Gläubigers (Verheiratung einer Frau, Änderungen des Gewerbes, Standes, Namens, Wohnorts) eingetreten, so kann außerdem verlangt werden, daß die Identität durch eine öffentliche Urkunde dargetan werde.

Denselben Formvorschriften unterliegen Erklärungen, welche ein Dritter abgibt, zu dessen gunsten der eingetragene Gläubiger in bezug auf die Forderung oder deren Zinsenerträgnisse durch einen Vermerk im Reichsschuldbuch beschränkt ist, wenn der Antrag des Gläubigers von ihm, wie erforderlich, genehmigt werden soll.

§ 14.

Legitimation des Antragstellers bei Anträgen der im § 13 bezeichneten Art. Rechtsnachfolger von Todes wegen.

Bei den im § 13 bezeichneten Anträgen tritt außerdem eine Prüfung der Legitimation des Antragstellers nach folgenden Vorschriften ein.

Zur Stellung **solcher** Anträge sind (abgesehen von dem Falle, daß ein Ehemann mit Zustimmung der Ehefrau die Eintragung eines Beschränkungsvermerks auf ihrem Schuldbuchkonto beantragt — Artikel 50 des Einführungsgesetzes zum Bürgerlichen Gesetzbuch —) **nur** der eingetragene Gläubiger, seine gesetzlichen Vertreter und Bevollmächtigten, sowie diejenigen Personen berechtigt, auf welche die eingetragene Forderung von Todes wegen übergegangen ist.

Eine **Ehefrau** wird zu Anträgen ohne Zustimmung des Ehemannes zugelassen, es sei denn, daß ein ihre freie Verfügung beschränkender Vermerk im Reichsschuldbuch eingetragen steht.

Zur Stellung von Anträgen für eine Firma gilt als berechtigt, wer zur Zeichnung der Firma berechtigt ist; zur Stellung von Anträgen für eine in Abteilung VI des Buchs eingetragene Vermögensmasse die Behörde, welche deren Verwaltung führt oder beaufsichtigt, oder die von derselben bezeichnete Person; für eine in Abteilung VII des Buchs eingetragene Vermögensmasse der zur Verfügung über die Masse befugte Verwalter.

Die Vertreter der Handelsfirmen, der eingetragenen Genossenschaften und der eingeschriebenen Hülfskassen haben bei Stellung der Anträge durch eine öffentliche Urkunde den Nachweis zu erbringen, daß die Antragsteller zur Zeichnung für die Firma oder zur Vertretung der Genossenschaft oder Kasse legitimiert sind.

Gesetzliche Vertreter haben mit den Anträgen ihre Legitimation als solche (Bestallung usw.), Bevollmächtigte ihre Vollmacht vorzulegen.

Anträge, welche eine Verfügung über eine Forderung enthalten, die für eine unter **Vormundschaft** oder **Pflegschaft** stehende Person eingetragen ist (z. B. Anträge auf Löschung oder Übertragung dieser Forderung), sind durch den Vormund oder Pfleger zu stellen, und zwar:

a) sofern ein Gegenvormund vorhanden ist, mit dessen Genehmigung,

b) sofern ein Gegenvormund nicht vorhanden ist, mit Genehmigung des Vormundschaftsgerichts,

es sei denn, daß eine der besonderen durch das Bürgerliche Gesetzbuch bestimmten Ausnahmen, die hier nicht einzeln aufzuzählen sind, Platz greift.

Rechtsnachfolger von Todes wegen haben sich, sofern ihre Berechtigung auf der gesetzlichen Erbfolge beruht, durch eine Bescheinigung als Erben, sofern dieselbe auf letztwilliger Verfügung beruht, durch eine Bescheinigung darüber auszuweisen, daß sie über die eingetragene Forderung zu verfügen befugt sind.

Zur Ausstellung dieser Bescheinigungen ist das Nachlaßgericht und, falls der Erblasser zur Zeit des Erbanfalls im Inlande weder Wohnsitz noch Aufenthalt hatte, auch derjenige Konsul des Reichs zuständig, in dessen Amtsbezirk der Erblasser zur Zeit des Erbanfalls seinen Wohnsitz oder seinen gewöhnlichen Aufenthalt hatte, sofern dem Konsul von dem Reichskanzler die Ermächtigung zur Ausstellung solcher Bescheinigungen erteilt ist.

Unberührt bleiben die landesgesetzlichen Vorschriften, nach welchen zur Ausstellung der Bescheinigung statt der Gerichte andere Behörden oder Notare zuständig sind. Die Zuständigkeit derselben ist von dem im vorhergehenden Absatz bezeichneten Gerichte auf der Bescheinigung zu bestätigen.

Mehrere Erben haben zur Stellung von Anträgen und zur Empfangnahme von Schuldverschreibungen eine einzelne Person zum Bevollmächtigten zu bestellen.

Den Anträgen der Rechtsnachfolger von Todes wegen müssen die erwähnte Bescheinigung und, wenn der Fall des vorhergehenden Absatzes vorliegt, die Vollmacht beigefügt werden.

Ein **Testamentsvollstrecker** hat sich über seine Ernennung und darüber, daß er das Amt angenommen hat, auszuweisen. Am einfachsten geschieht dies durch ein Zeugnis des Nachlaßgerichts.

§ 15.

Löschung einer Beschränkung des Gläubigers insbesondere.

Den Anträgen auf Löschung einer Beschränkung in Spalte 3 des Kontos ist die im § 13 bezogene Genehmigungserklärung derjenigen Personen, zu deren gunsten der eingetragene Gläubiger beschränkt ist, und bei persönlichen unvererblichen Einschränkungen des Gläubigerrechts oder des Verfügungsrechts, welche durch den Tod des Berechtigten erloschen sind, die Sterbeurkunde (der Totenschein) des letzteren beizufügen. In letzterem Fall wird durch die Löschung das Recht auf den Bezug rückständiger Leistungen nicht berührt.

§ 16.

Übertragung auf ein anderes Konto. Teillöschungen. Löschungen gegen Ausreichung neuer Schuldverschreibungen.

Für die im § 13 unter den Nummern 3 und 4 aufgeführten Anträge bleibt außerdem folgendes zu beachten:

Übertragungen auf ein anderes Konto sind nur insofern zulässig, als die Konten nicht bestimmungsgemäß getrennt zu halten sind (vgl. oben § 2, Abs. 1).

Teilübertragungen und Teillöschungen sind nur zulässig, sofern sowohl die Beträge, deren Übertragung oder Löschung beantragt wird, als auch die Restbeträge, über welche eine Verfügung nicht stattfinden soll, in Reichsschuldverschreibungen, deren kleinste Stücke über 200 *M.* und 500 *M.* lauten, darstellbar sind. Dies gilt für jedes Konto, und außerdem betreffs der $3\frac{1}{2}$ und 3 prozentigen Reichsanleihen bei dem einzelnen Konto für jeden Posten besonders, wenn es sich um Forderungen handelt, welche aus mehreren, zu verschiedenen Terminen verzinslichen Posten (Januar—Juli und April—Oktober) zusammengesetzt sind. Demgemäß ist bei Anträgen auf Teilübertragungen und Teillöschuugen zu einem Konto, welches Forderungen mit verschiedenen Zinsenterminen enthält, auch anzugeben, ob die Übertragung oder Löschung eines Teilbetrages mit Januar—Juli- oder mit April—Oktober-Zinsen gewünscht wird.

Wenn der Gläubiger durch eine Eintragung in Spalte 3 beschränkt ist, so kann die Übertragung auf ein anderes Konto nur dann erfolgen, wenn der nach Spalte 3 Berechtigte in der in § 13 bezeichneten Form zustimmt.

Wird beantragt, daß eine eingetragene Forderung ganz oder teilweise gegen Ausreichung von Schuldverschreibungen der entsprechenden Anleihe zu gleichem Nennwerte gelöscht werden soll, so geschieht mit der Löschung die Ausreichung an den dazu von der Reichsschuldenverwaltung legitimiert befundenen Berechtigten durch die von ihr bestimmte Reichsbankanstalt oder für diesen Zweck zur Verfügung gestellte Landeskasse nach Prüfung der Identität des Berechtigten gegen Quittung.

Hat der Berechtigte die Zusendung durch die Post innerhalb des Deutschen Reichs in der in § 13 Absatz 1 angegebenen beglaubigten Form beantragt, so ist die Reichsschuldenverwaltung ermächtigt, diesem Antrage zu entsprechen. Die Sendung geschieht alsdann auf Gefahr und Kosten des Berechtigten. Der Posteinlieferungsschein dient bis zum Eingang der Quittung als Rechnungsbeleg.

Postsendungen, welchen Inhaberpapiere beiliegen, werden nach dem vollen Werte deklariert, insofern nicht der Berechtigte in beglaubigter Form (§ 13 Absatz 1) eine minderwertige Deklarierung beantragt hat.

B. Eintragungen und Löschungen von Amts wegen.

§ 17.

Gerichtliche Pfändung.

Von Amts wegen ist auf dem Konto in Spalte 3 zu vermerken: eine im Wege der Zwangsvollstreckung oder des Arrestes erfolgte Pfändung oder vorläufige Beschlagnahme der Forderung und eine durch eine einstweilige gerichtliche Verfügung angeordnete Beschränkung des eingetragenen Gläubigers.

§ 18.

Ermächtigung der Reichsschuldenverwaltung zur Löschung einer Forderung und Hinterlegung der Reichsschuldverschreibungen.

Durch das Gesetz vom 31. Mai 1891 ist die Reichsschuldenverwaltung ermächtigt, in 6 Fällen von Amts wegen auf Kosten des Gläubigers eine eingetragene Forderung zu löschen und die dagegen auszufertigenden Schuldverschreibungen an die Hinterlegungsstelle in Berlin auszuliefern:

1. wenn die Eintragung von Verpfändungen oder sonstigen Verfügungsbeschränkungen beantragt wird;
2. wenn die Forderung ganz oder teilweise im Wege der Zwangsvollstreckung oder des Arrestes gepfändet oder eine einstweilige gerichtliche Verfügung über dieselbe getroffen ist;
3. wenn über das Vermögen des eingetragenen Gläubigers der Konkurs eröffnet worden ist;
4. wenn die Zinsen des eingetragenen Kapitals 10 Jahre hintereinander nicht abgehoben worden sind;

5. wenn glaubhaft bekannt geworden ist, daß der Gläubiger vor länger als 10 Jahren verstorben ist und ein Rechtsnachfolger sich nicht legitimiert hat;

6. wenn sonst ein gesetzlicher Grund zur Hinterlegung gegeben ist.

Insbesondere ist nach § 372 des Bürgerlichen Gesetzbuchs der Schuldner zur Hinterlegung berechtigt, wenn der Gläubiger im Verzuge der Annahme ist, oder wenn seine Legitimation zur Geltendmachung der Forderung aus einem in seiner Person liegenden Grunde oder infolge einer Ungewißheit über die Person des Gläubigers zu Bedenken Anlaß gibt.

Die hinterlegten Schuldverschreibungen treten in allen rechtlichen Beziehungen an die Stelle der gelöschten Forderung. Der Hinterlegungsstelle werden Abschrift des **Kontos** und, falls die ganze Forderung im Buch gelöscht ist, die auf das **Konto** bezüglichen Akten unter gleichzeitiger Benachrichtigung der Beteiligten mitgeteilt.

§ 19.

C. Benachrichtigungen über erfolgte Eintragungen oder Löschungen.

Über die Eintragung von Forderungen und Vermerken, sowie über die verfügte Auslieferung von Schuldverschreibungen an Stelle zur Löschung gelangter Forderungen wird dem Antragsteller und, falls der Berechtigte ein anderer ist, auch diesem eine Benachrichtigung erteilt. Auf jedes Benachrichtigungsschreiben über Eintragung einer Buchforderung wird in einer besonders in die Augen fallenden Form der Vermerk gesetzt:

Dies Schriftstück gilt nicht als eine über die Forderung ausgestellte Verschreibung.

Besondere Verschreibungen werden über Buchforderungen nicht ausgefertigt.

Die Mitteilung der Benachrichtigungsschreiben geschieht mittelst verschlossener Briefe durch die Post, und sofern es besonders beantragt wird, mit der Bezeichnung: »Einschreiben«.

§ 20.

D. Gebühren.

An Gebühren werden erhoben:

1. für die Umwandlung von Reichsschuldverschreibungen in Buchschulden des Reichs, sowie für sonstige Eintragungen und Löschungen, jede Einschrift in das Reichsschuldbuch besonders gerechnet, 25 Pfennig von je angefangenen 1 000 *M.* des Betrages, über den verfügt wird, zusammen mindestens 1 *M.*;
2. für die Ausreichung von Reichsschuldverschreibungen für je angefangene 1 000 *M* Kapitalbetrag 50 Pfennig, zusammen mindestens 1 *M.*

Als eine Einschrift gelten die mittelst der gleichen Verfügung auf einem Konto bewirkten Eintragungen und Löschungen. $3^1/_2$ vormals 4prozentige und $3^1/_2$ prozentige Forderungen desselben Gläubigers werden als ein Konto behandelt.

Die laufende Verwaltung und Vermerke über Bevollmächtigungen, über Änderungen in der Person oder der Wohnung des eingetragenen Gläubigers oder Zinsenempfängers, sowie über Änderungen des Zinsenzahlungsweges sind gebührenfrei.

Die Gebühren werden von dem Antragsteller, soweit nötig, im Verwaltungszwangsverfahren eingezogen. Auch kann die Vorausbezahlung der Gebühren gefordert werden.

Den Tarif siehe Seite 47.

Für die gerichtliche oder notarielle Beglaubigung der Anträge in Reichsschuldbuchsachen (§§ 13, 14) dürfen an Gebühren nicht mehr als **höchstens**

1 ℳ. 50 Pf. bei Beträgen bis 2 000 ℳ,
3 ℳ. bei Beträgen über 2 000 ℳ.

erhoben werden (§ 20 des Reichsgesetzes vom 31. Mai 1891, R. G. Bl. S. 321).

Anhang.

1. Muster zu den Konten des Reichsschuldbuchs.

(3½ beziehungsweise 3) prozentige Buchschuld.

Konto Nr. Gläubiger:

Änderungen in der Person (Bezeichnung) des Gläubigers:

(Behörde, welche die Verwaltung der Masse führt — beaufsichtigt —.)

1.		2.						3.	4.		
Betrag der Forderung		Abschreibungen						Beschränkungen des Gläubigers	Die Zinsen zu empfangen ist berechtigt:		
		a. Übertragen auf das Konto:			b. Umgewandelt in Reichsschuldverschreibungen:					halbjährlich mit	
M.		Abteilung	Nummer	M.	Litr.	Nummer	Betrag M.			M.	Pf.

2. Muster zu Anträgen auf Anlegung eines Kontos gegen Einlieferung von Schuldverschreibungen.

An
die Reichsschuldenverwaltung
(Schuldbuch-Angelegenheit)

Berlin S.W. 68.
frei. Oranienstraße 92/94.

........................, den ....ten .... 19........

Die Reichsschuldenverwaltung erhält hierbei die in dem anliegenden Verzeichnis aufgeführten .... Stück Schuldverschreibungen der deutschen .... prozentigen Reichsanleihe über zusammen .... M., schreibe .... Mark, nebst den dazu gehörigen Zinsscheinen über die seit 1. .... 19........ laufenden Zinsen und den Erneuerungsscheinen (Anweisungen) mit dem Antrage:

1. die gedachten .... M. auf den Namen:*)

....

in .... Kreis ....

....Straße Nr. ....

in das Reichsschuldbuch einzutragen;

---

*) Hier sind Vor- und Familiennamen, bei Frauen zugleich der Geburtsname, Beruf oder Stand, Wohnort und Wohnung so vollständig und so deutlich anzugeben, daß spätere Verwechselungen und Irrtümer tunlichst vermieden werden.

2. die fälligen Zinsen durch die Post (durch die .... Kasse in .... Reichsbank............stelle in ....) an*) .... wohnhaft in .... Straße Nr. .... zahlen zu lassen.

**)

....

....

....

....

---

*) S. die Bemerkung auf der vorigen Seite.

**) Der Schluß dieser und die folgende Seite sind zu benutzen für die etwaigen Beschränkungen des Gläubigers in bezug auf das Kapital oder die Zinsenerträgnisse, welche eingetragen werden sollen (wie z. B. Verpfändungen, Nießbrauchsbestellungen u. a.).

Soll die Eintragung auf den Namen einer juristischen Person, einer Handelsfirma, einer eingetragenen Genossenschaft, einer eingeschriebenen Hülfskasse erfolgen, so ist die rechtliche Existenz des Gläubigers durch eine vorschriftsmäßige öffentliche Urkunde nachzuweisen.

Wenn eine Vermögensmasse ohne juristische Persönlichkeit als Gläubiger einzutragen ist, so muß der Fall, in welchem eine Behörde die Verwaltung der Masse führt oder beaufsichtigt, streng getrennt werden von demjenigen, in welchem Privatpersonen die Verfügung über die Masse zusteht. In ersterem Fall ist die Behörde genau anzugeben, auch auf Verlangen der Reichsschuldenverwaltung die Eigenschaft der Behörde als einer öffentlichen und ihre Zuständigkeit durch geeignete Urkunden nachzuweisen. Im letzteren Fall sind die gerichtlichen oder notariellen Urkunden, durch welche die Privatpersonen sich als zur Verfügung über die Masse befugt ausweisen, dem Antrage stets sofort beizulegen.

Am Schluß ist der obige Antrag vom Antragsteller zu unterschreiben.

3. Muster zu Anträgen auf Zuschreibung gegen Einlieferung von Schuldverschreibungen.

An
die Reichsschuldenverwaltung
(Schuldbuch-Angelegenheit)

Berlin S.W. 68.
frei. Oranienstraße 92/94.

.........................., den ....ten .... 19........

Die Reichsschuldenverwaltung erhält hierbei die in dem anliegenden Verzeichnis aufgeführten .... Stück Schuldverschreibungen der deutschen .... prozentigen Reichsanleihe über zusammen .... ℳ, schreibe .... Mark, nebst den dazu gehörigen Zinsscheinen über die seit 1. .... 19......... laufenden Zinsen und den Erneuerungsscheinen (Anweisungen) mit dem Antrage:

1. die gedachten .... ℳ zusätzlich auf das Konto: .... Nr. ....
de ....
....
in ....Kreis ....
....Straße Nr. ....

in das Reichsschuldbuch einzutragen;

2. die fälligen Zinsen durch die Post (durch die .... Kasse in .... Reichsbank............stelle in ....)
an d..

....

....

wohnhaft in .... Kreis ....
....Straße Nr. ....

zahlen zu lassen.

4. Muster zu Anträgen auf Löschung einer Reichsschuldbuchforderung gegen Auslieferung von Schuldverschreibungen.

(Dies Formular wird vom Reichsschuldbuchbureau unentgeltlich verabfolgt.)

An
die Reichsschuldenverwaltung
(Schuldbuch-Angelegenheit)

Berlin S.W. 68.
frei. Oranienstraße 92/94.

.........................., den ....ten .... 19........

D...... Unterzeichnete...... beantrag........., ... *M.*, mit Buchstaben »..
.... Mark«,
der für ....
.... einge-
tragenen Reichsschuldbuchforderung .... %
.... Nr. .... *) zu löschen und an Stelle dieses Betrages neue Schuldverschreibungen derselben Anleihe an ....
....
auszuliefern. **)

---

*) Hier ist der Zinsfuß der zu löschenden Forderung und die Bezeichnung des Kontos einzurücken, z. B. $3^1/_2$ vormals 4... IB.... 1120.

Die Unterschrift muß gerichtlich oder notariell beglaubigt sein.

Wird der Antrag von einer Behörde gestellt, so ist der Unterschrift das Siegel der Behörde beizudrücken.

**) Wenn die Übersendung der Effekten durch die Post gewünscht wird, so ist dies in dem beglaubigten Antrag zu erklären. Andernfalls erfolgt die Auslieferung durch eine geeignete Kasse oder Reichsbankanstalt.

Die Gebühren sind vor Auslieferung der Effekten zu berichtigen.

Dieselben betragen:	bis 2 000 *M.*		=	2,00 *M.*
von mehr als 2 000	» 3 000	»	=	2,50 »
» » » 3 000	» 4 000	»	=	3,00 »
» » » 4 000	» 5 000	»	=	3,75 »

und so fort, für jede angefangenen 1 000 *M.* = 75 Pf. mehr.

Ist die Forderung im Januar — Juli und im April — Oktober verzinslich, so ist bei Teillöschungen anzugeben, ob Schuldverschreibungen mit Januar—Juli-Zinsen oder solche mit April — Oktober-Zinsen gewünscht werden.

5. Muster für die Verzeichnisse der zur Umwandlung eingelieferten Reichsschuldverschreibungen.

Verzeichnis

der mit Antrag des .... vom ....ten............ 19.....
eingelieferten Schuldverschreibungen der deutschen .... prozentigen
Reichsanleihen.

(Zu ordnen nach den verschiedenen Zinsenterminen (Januar — Juli, April — Oktober), Jahrgängen und innerhalb dieser Arten nach den Littern, für jede Littera aber nach der Nummernfolge.)

Spalte 1.						Spalte 2.					
Laufende Nr.	Anleihe vom Jahre	Litt.	Nummern	Betrag des einzelnen Stückes M.	Betrag für jeden Wertabschnitt M.	Laufende Nr.	Anleihe vom Jahre	Litt.	Nummern	Betrag des einzelnen Stückes M.	Betrag für jeden Wertabschnitt M.
a. mit Zinsscheinen über im Januar und Juli fällige Zinsen.											
1	1887	B	10 480	2 000							
2	»	»	12 107/8	»	4 000						
3	»	C	40 108/15	1 000	8 000						
4	1888	A	10 207	5 000							
5	»	»	12 310	»	10 000						
6	1889	D	11 408	500							
7	»	»	12 201/5	»	3 000						
8	»	E	20 400	200	200						
				Summe a	25 200						
b. mit Zinsscheinen über im April und Oktober fällige Zinsen.											
9	1885	A	1 160	5 000	5 000						
10	»	C	5 211	1 000							
11	»	»	6 318/23	»	7 000						
12	1886	B	2 720	2 000	2 000						
13	»	C	6 230	1 000							
14	»	»	7 980	»	2 000						
				Summe b	16 000						
				Gesamtbetrag	41 200						

Mit den Schuldverschreibungen müssen die dazu gehörigen Zinsscheine und Erneuerungsscheine abgeliefert werden. Nur den Schuldverschreibungen, welche in einem dem Fälligkeitstermine der Zinsen unmittelbar vorangehenden Monat eingereicht werden, sind die nächstfälligen Zinsscheine nicht beizufügen.

6. Gebührentarif.

Es werden erhoben:		
wenn verfügt wird über ein Kapital	für jede Einschrift in das Reichsschuldbuch	für die Ausreichung neuer Reichsschuldverschreibungen und für die damit verbundene Löschung der Buchforderung
bis 2 000 ℳ.	1,00 ℳ.	2,00 ℳ.
von mehr als 2 000 » 3 000 »	1,00 »	2,50 »
» » » 3 000 » 4 000 »	1,00 »	3,00 »
» » » 4 000 » 5 000 »	1,25 »	3,75 »
» » » 5 000 » 6 000 »	1,50 »	4,50 »
» » » 6 000 » 7 000 »	1,75 »	5,25 »
» » » 7 000 » 8 000 »	2,00 »	6,00 »
» » » 8 000 » 9 000 »	2,25 »	6,75 »
» » » 9 000 » 10 000 »	2,50 »	7,50 »
» » » 10 000 » 11 000 »	2,75 »	8,25 »
» » » 11 000 » 12 000 »	3,00 »	9,00 »
» » » 12 000 » 13 000 »	3,25 »	9,75 »
» » » 13 000 » 14 000 »	3,50 »	10,50 »
» » » 14 000 » 15 000 »	3,75 »	11,25 »
» » » 15 000 » 16 000 »	4,00 »	12,00 »
» » » 16 000 » 17 000 »	4,25 »	12,75 »
» » » 17 000 » 18 000 »	4,50 »	13,50 »
» » » 18 000 » 19 000 »	4,75 »	14,25 »
» » » 19 000 » 20 000 »	5,00 »	15,00 »
und so fort.		

Bemerkungen:

1. Vermerke über Bevollmächtigungen, sowie über Änderungen in der Person oder der Wohnung des Kapitalgläubigers oder Zinsenempfängers, sowie über Änderung des Weges, auf welchem die Zinsen gezahlt werden sollen, sind gebührenfrei.
2. Als **eine** Einschrift gelten die mittelst der gleichen Verfügung auf **einem** Konto bewirkten Eintragungen und Löschungen. 3½ vormals 4prozentige und 3½prozentige Forderungen desselben Gläubigers werden als **ein** Konto behandelt.
3. Für die gerichtliche oder notarielle Beglaubigung der Anträge in Reichsschuldbuchsachen (§§ 13, 14) dürfen an Gebühren nicht mehr als **höchstens**
   1,50 ℳ bei Beträgen bis 2 000 ℳ,
   3 ℳ bei Beträgen über 2 000 ℳ
   erhoben werden (§ 20 des Reichsgesetzes vom 31. Mai 1891, R. G. Bl. S. 321).

Berlin, gedruckt in der Reichsdruckerei.
1830. 03.

Kolibri 360 GmbH
Ferdinand-Jühlke-Straße 7
99095 Erfurt, Deutschland
produktsicherheit@kolibri360.de